Mini Tonis

Armin Täubner

Heimische Tiere

Die Beschreibungen zu dem Hund Bob finden Sie auf Seite 30, zur Schnecke Schnack auf Seite 24 und zur Eule Gundula auf Seite 14.

Fotos: frechverlag GmbH, 70499 Stuttgart;
Fotostudio Ullrich & Co., Renningen

Dieses Buch enthält:
1 Vorlagenbogen und
1 Zusatzbogen

Auflage: 9. 8. 7.
Jahr: 2007 2006 2005
Letzte Zahlen maßgebend

ISBN 3-7724-3148-8 · Best.-Nr. 3148
Druck: frechdruck GmbH, 70499 Stuttgart

Die Mini-Tonis sind da!

Aus ganz kleinen Tontöpfen und wenigen Materialien haben Sie ganz schnell lustige Tierchen gezaubert! Auch ich war überrascht, wie wandlungsfähig die Töpfchen sind und wie vielfältig man die daraus entstandenen Tierchen verwenden kann:

- Als kleines Mitbringsel kommen die Mini-Tonis toll an.
- Ein Geldgeschenk wird persönlicher, wenn Sie es als Mini-Toni überreichen.
- Die Tierchen setzen lustige Akzente als Tischdekoration für Geburtstagsfeiern oder Partys.
- Sogar als Spielfiguren sind sie bestens geeignet.
- Auf einem Stab befestigt verzieren sie den Blumentopf auf Tisch oder Fensterbank.
- Mit angeknoteten Klangstäben dienen die Tiere als Windspiel.

Versehen Sie sie einfach mit Schildchen mit einem netten Spruch, der zum Anlass oder zum Beschenkten passt – so überbringen die Mini-Tonis ganz charmant Ihre Botschaft!

Wer will da nicht die ganze Bande haben?

Viel Spaß beim Sammeln und Verschenken wünscht Ihnen Ihr

Materialliste

- Mini-Tontopf, ø 3,5 cm
- Tonkartonreste
- Transparentpapier und Kartonreste für Schablonen
- Mobile- oder Windradfolie
- Faserseide
- Feiner Filzstift in Schwarz
- Buntstift in Rot
- Bastelfarbe
- Strukturschnee
- Verschiedene Drähte: Geglühter Blumendraht, Chenilledraht (Pfeifenreiniger), Aludraht
- Zugfeder
- Verschiedene Schnüre: Baumwollfaden, Lederriemen, Wollfaden, Kordel
- Wackelaugen
- Metallglöckchen
- Holzperlen
- Federn

Folgende **Werkzeuge** sollten Sie zur Hand haben; sie werden bei den einzelnen Motiven nicht gesondert aufgeführt:

- Schere
- Cutter mit Schneideunterlage
- Kreisschablone oder Zirkel
- Seitenschneider
- Vorstechnadel
- Pinsel
- Schwämmchen
- Bleistift
- Zahnstocher oder Schaschlikstäbchen
- Klebepistole
- Klebstoff, z. B. UHU Alleskleber
- Klebestift
- Tacker

Wichtige Hinweise

Für jedes Tier wird ein Mini-Tontopf (ø 3,5 cm) benötigt. Dieser ist bei den jeweiligen Materiallisten nicht aufgeführt. Für jedes Tier benötigen Sie Tonkartonreste, die kleiner als A5 sind. Alle Materialangaben beziehen sich auf ein Tier.

Arbeitsschritte

Kartonschablonen herstellen

Pausen Sie die Motivteile vom Vorlagenbogen mit Bleistift auf Transparentpapier ab. Das Transparentpapier kleben Sie auf einen Kartonrest und schneiden die Teile aus. Um zwei identische Kartonteile auszuschneiden, übertragen Sie die Kontur der Schablone auf ein Tonkartonstück, tackern dieses am Rand auf ein zweites Kartonstück und schneiden das Motivteil mit Schere oder Cutter aus (z. B. bei Schwan, Hahn, Huhn).

Tontöpfe bemalen

Die Bastelfarbe wird entweder mit einem flachen Haarpinsel (Nr. 6 oder 8) oder mit einem Schwämmchen aufgetragen. Weil die Tontöpfe viel Feuchtigkeit aufnehmen, müssen Sie zügig arbeiten. Beginnen Sie mit der kleinen Fläche rund um die Öffnung und bemalen Sie dann die Topfaußenwände, indem Sie die Farbe möglichst glatt auftragen. Eventuell tauchen Sie den Pinsel ins Wassergefäß und überstreichen die ganze Fläche nochmals. Nun wird der Topf trocken geföhnt und bei Bedarf nochmals überstrichen. Bei manchen Tieren werden die Brust-/Bauchflächen mit einem alten Pinsel Nr. 2 oder 3 aufgetupft, bei dem Sie die Haare mit der Schere auf 0,5 cm gekürzt haben. Für größere Flächen nehmen Sie einen dickeren Pinsel.

Kleine Öffnung am Tontopf verschließen

Bei einigen Tieren wird die kleine Öffnung am Tontopf mit einem Kartonkreis geschlossen. Zeichnen Sie dafür mit Bleistift und Kreisschablone oder Zirkel einen Kreis (ø 14 mm) auf einen Karton, schneiden Sie ihn aus und kleben Sie ihn auf die Tontopföffnung. Nun wird der Tontopf samt Kartonkreis in der gewünschten Farbe bemalt.

Barthaare aus Draht anbringen

Mit der Vorstechnadel werden Löcher in den Kartonkopf gestochen. Anschließend stecken Sie Blumendrahtstücke (ø 0,35 mm) durch die Löcher und kürzen sie mit dem Seitenschneider auf die gewünschte Länge.

Strukturschnee auftragen

Der Strukturschnee wird entweder mit einem Borstenpinsel oder einem Rundholzstäbchen/ Schaschlikstäbchen auf den Tontopf bzw. Tonkarton aufgetragen (z. B. Schaf, Eule).

Den Kopf befestigen

Der Tierkopf aus Tonkarton wird stets mit der Klebepistole befestigt. Arme, Beine, Flügel etc. fixieren Sie mit Alleskleber.

Schildchen anbringen

Die Herstellung und Befestigung der Schildchen wird bei den jeweiligen Anleitungen nicht erwähnt. Vorgedruckte Schildchen zum Ausschneiden mit flotten Sprüchen oder blanko finden Sie auf dem beiliegenden Bogen. Oder Sie fertigen selbst Schilder in der von Ihnen gewünschten Größe und Farbe aus Tonkarton an und verzieren sie mit bunten Filzstiften oder mit dem Pinsel. Die Schildchen werden ggf. mit der Vor-stechnadel gelocht und mit einem farblich passenden Baumwollfaden (ø 1 mm), Draht oder Klebstoff am Tier befestigt.

Material

- Tonkarton in Terrakotta
- Bastelfarbe in Weiß
- Geglühter Blumendraht, ø 0,35 mm
- 2 Wackelaugen, ø 5 mm
- Baumwollkordel in Grün, ø 1 mm
- Kugelförmiges Metallglöckchen in Gold, ø 9 mm

Vorlagenbogen 1A

Mini-Tonis Nr. 1

Flitz und Flink, die Eichhörnchen

Tupfen Sie die weißen Ohrinnenflächen und die Brust-/Bauchfläche auf. Am Kopf werden die Drahtbarthaare eingezogen, auf die passende Länge gekürzt, die Nase aufgemalt und die Wackelaugen aufgeklebt. Nachdem Kopf, Arme, Schwanz und Beinpaar am Tontopf fixiert sind, wird das Glöckchen um den Hals gebunden.

Max, Mathilde und Moritz, die Raben

(Beschreibung auf Seite 8)

Mini Tonis Nr. 2

Max, Mathilde und Moritz, die Raben

(Abbildung auf Seite 7)

Material

- Tonkarton in Schwarz und Gelb
- Bastelfarbe in Schwarz
- 2 Wackelaugen, ø 10 mm
- Perlhuhnfeder
- Baumwollkordel in Gelb, ø 2 mm, 3 x 30 cm lang
- 2 Holzperlen in Schwarz, ø 10 mm

Vorlagenbogen 1A

Kleben Sie die Wackelaugen bündig zum Topfrand an. Darunter wird der Schnabel angeklebt. Für die Beine flechten Sie aus den drei Baumwollkordeln einen Strang, auf dessen Enden Sie jeweils eine Holzperle aufziehen und mit Klebstoff fixieren. Der Strang wird mittig von unten mit der Klebepistole im Tontopf befestigt. Fixieren Sie zuletzt Feder und Flügel mit Klebstoff.

Nr. 3 Mini Tonis

Hansi und Tina, die Schmetterlinge

Die gelben Holzperlen werden als Hände und Füße mit Klebstoff an den Enden der entsprechende Lederriemen befestigt. Die Mitte des langen Riemens wird von unten durch die Öffnung des bemalten Tontopfes gesteckt, so dass der kurze Armriemen durchgezogen werden kann. Kleben Sie das Flügelpaar an. Für die Fühler wird der dickere Draht in der Mitte geknickt. Wickeln Sie die Drahtenden 1 cm von der Biegestelle entfernt jeweils siebenmal um einen Schaschlikstab. Ziehen Sie den Stab heraus und dehnen Sie die Spirale ein wenig, bevor Sie die beiden roten Perlen aufziehen. Kleben Sie die Fühler mit der Klebepistole am Kopf fest und bringen Sie die Wackelaugen auf dem bemalten Kopf an, bevor dieser am Tontopf befestigt wird.
Die zweiteilige Blüte wird mit dem dünnen Draht um den Hals gehängt. Die Klangstäbe ziehen Sie ggf. auf ein 1 cm langes Zahnstocherstück, das Sie unten im Tontopf fixieren.

Material

- Tonkarton in Gelb mit weißen Punkten
- Tonkarton in Rot, Gelb und Weiß
- Bastelfarbe in Rot
- Runder Lederriemen in Schwarz, ø 2 mm, 12 cm (Arme) und 20 cm lang (Beine)
- Geglühter Blumendraht, ø 0,35 mm, 10 cm lang (Aufhängung für Blümchen)
- Geglühter Blumendraht, ø 0,65 mm, 25 cm lang (Fühler)
- 2 Holzperlen in Rot, ø 6 mm
- Je 2 Holzperlen in Gelb, ø 10 mm (Hände) und 12 mm (Füße)
- 2 Wackelaugen, ø 10 mm
- Ggf. 3 Klangstäbe mit Schnüren

Vorlagenbogen 1A

Ich finde dich dufte

Bertram und Berta, die Biber

Malen Sie auf den Kopf aus Tonkarton das Bibergesicht. Von hinten werden die weißen Nagezähne angeklebt. Jetzt können die Barthaare aus Blumendraht eingezogen werden. Der Schwanz wird mit einem Netz aus schwarzen Filzstiftlinien überzogen. Kleben Sie Schwanz, Pfotenpaare und Kopf auf den Tontopf.

Material

- Tonkarton in Terrakotta, Dunkelbraun (Schwanz) und Weiß
- Geglühter Blumendraht, ø 0,35 mm

Vorlagenbogen 1A

Mini Tonis **Nr. 5**

Quak und Quik, die Frösche

Material

- Tonkarton in Grün
- Bastelfarbe in Grün und Weiß
- Ggf. 2 Wackelaugen, ø 5 mm
- Baumwollkordel in Grün, ø 2 mm, 3 x 40 cm und 3 x 25 cm lang
- 4 Holzperlen in Grün, ø 12 mm

Vorlagenbogen 1A

Malen Sie den Tontopf grün an und tupfen Sie mit einem Schwämmchen die weiße Brustfläche auf. Flechten Sie aus jeweils drei gleich langen Kordeln den Arm- und den Beinstrang. Der Beinstrang wird in der Mitte geknickt und von unten durch die Tontopföffnung gesteckt. Durch die entstandene Öse ziehen Sie den Armstrang. Knoten Sie an die Strangenden jeweils eine Holzkugel. Der bemalte und evtl. mit Wackelaugen beklebte Kopf wird aufgeklebt.

Mini-Tonis Nr. 6

Rainer, Frieder und Heiner, die Maulwürfe

Material

- Tonkarton in Rosa
- Bastelfarbe in Schwarz und Weiß
- 2 Wackelaugen, ø 3 mm
- Geglühter Blumendraht, ø 0,35 mm

Vorlagenbogen 1A

Mit einem Pinsel wird die weiße Brustfläche auf den schwarz bemalten Tontopf getupft. Kopf und Arme werden aus rosa Tonkarton ausgeschnitten und teilweise mit schwarzer Farbe übermalt (das Schwänzchen ist schwarz). Am bemalten Kopf werden die Drahtbarthaare eingezogen und die Wackelaugen angeklebt.

Material

- Tonkarton in Terrakotta und Weiß
- Bastelfarbe in Weiß
- Ggf. 2 Wackelaugen, ø 3 mm
- Lederriemen, ø 2 mm, 10 cm und 20 cm lang
- 4 Holzperlen in Weiß, ø 12 mm

Vorlagenbogen 1A

Hops, Langohr und Mümmel, die Hasen

Die weiße Brust-/Bauchfläche und die Ohrinnenflächen werden auf den Topf bzw. auf das Kopf-/Ohrenteil getupft.
Kleben Sie auf die Enden der Lederriemen jeweils eine Holzperle. Ziehen Sie die Mitte des langen Beinriemens von unten durch die Tontopföffnung. Durch die entstandene Öse ziehen Sie den Armriemen. Fixieren Sie den gestalteten Kopf und das Schwänzchen.

Mini Tonis Nr. 8

Gundula, Gudrun, Gertrud und Gunther, die Eulen

Material

- Tonkarton in Terrakotta und Gelb
- Strukturschnee
- 2 Wackelaugen mit oder ohne Wimpern, ø 7 mm

Vorlagenbogen 1A

Auf den Tontopf wird Strukturschnee auf die Brust-/Bauchfläche aufgetragen. Überziehen Sie das Kopfteil mit Strukturschnee und ritzen Sie dort, wo später die Augen aufgeklebt werden, mit einem Zahnstocher zwei Kreuze ein. Wenn der Strukturschnee trocken ist, werden Augen und Schnabel angeklebt. Abschließend werden Kopf, Flügel, Schwanz und Füße am Tontopf befestigt.

Franzi und Friederike, die Füchse

Material

- Tonkarton in Orange
- Bastelfarbe in Orange und Weiß
- Geglühter Blumendraht, ø 0,35 mm

Vorlagenbogen 1A

Auf den orangefarben bemalten Tontopf tupfen Sie die weiße Brust-/Bauchfläche. Auch auf Kopf und Schwanz aus Tonkarton werden weiße Flächen getupft. Für die Barthaare werden Löcher eingestochen, Blumendrahtstücke eingezogen und mit dem Seitenschneider gekürzt. Für die Aufhängung der Halsschilder wird ein ca. 15 cm langes Drahtstück um einen Schaschlikstab gewickelt, abgestreift und nach Wunsch gedehnt.

Schlingel, Wutz und Ringel, die Schweine

Kleben Sie zuerst den Rüssel auf den Kopf und malen Sie dann das Gesicht auf. Die Wangen werden mit dem roten Buntstift aufgemalt und die Nasenlöcher rot ausgemalt. Fixieren Sie Kopf, Ringelschwänzchen und Beine mit Klebstoff am Tontopf.
Für die Chenilledrahtfüße werden beide Drahtstücke in der Mitte umgebogen und die Biegestellen von unten in den Tontopf geklebt.

Material

- Tonkarton in Rosa
- Bastelfarbe in Rosa
- Ggf. Chenilledraht in Rosa, 2 x 8 cm lang

Vorlagenbogen 1A

Fritz, der Hahn, und Frieda, Franziska und Frauke, die Hühner

(Beschreibung auf Seite 18)

Material

- Tonkarton in Terrakotta, Rot und Gelb
- 2 Wackelaugen, ø 7 mm
- Baumwollkordel in Gelb, ø 2 mm, 20 cm lang
- 2 Holzperlen in Gelb, ø 10 mm
- Hühnerfedern in Braun

Vorlagenbogen 1A

Mini-Tonis Nr. 11

Fritz, der Hahn, und Frieda, Franziska und Frauke, die Hühner

(Abbildung auf Seite 17)

Fertigen Sie vom Kamm zwei identische Motivteile an (vgl. Seite 5). Beide Kammteile werden an der gestrichelten Linie angeritzt, gefaltet und oberhalb der Faltlinie zusammengeklebt. Der Schnabel wird an der gestrichelten Linie gefaltet. Kleben Sie den Kamm auf die kleine Öffnung des Tontopfs. Nun werden Wackelaugen, Kehllappen, Schnabel, Flügel und dann die Schwanzfedern angeklebt. Knoten Sie die Holzperlen an die Enden der Baumwollkordel und fixieren Sie die Beine mit der Klebepistole im Tontopf.

Nr. 12 Mini-Tonis

Saus, Braus und Luftikus, die Libellen

Für die Flügel kleben Sie auf ein 15 cm x 5 cm großes Mobilefolienstück mit einem Klebestift ein etwa gleich großes Stück Faserseide. Übertragen Sie darauf den Umriss der Flügelschablone und schneiden Sie die Flügel aus. Wickeln Sie das lange Aludrahtstück um einen Schaschlikstab, ziehen Sie die entstandene Spirale ab und dehnen Sie sie. Die Spirale wird in der Mitte geknickt und so in den Tontopf gesteckt, dass der geknickte Draht oben aus der Tontopföffnung ragt und das zweite Drahtstück für die Arme durchgeschoben werden kann. Hier wird auch die Zugfeder eingehängt. Kleben Sie die Holzperlen auf die Drahtenden und bringen Sie den bemalten Kopf mit den Wackelaugen sowie die Flügel an.

Material

- Tonkarton in Grün, Blau oder Rot
- Bastelfarbe in Grün, Blau oder Rot
- 2 Wackelaugen, ø 15 mm
- Mobile- oder Windradfolie, 0,4 mm dick
- Faserseide in Weiß
- Aludraht in Blau, Grün oder Rot, ø 1,5 mm, 50 cm und 12 cm lang
- Je 2 Holzperlen in Schwarz, ø 8 mm und ø 12 mm
- Zugfeder, ø 4 mm

Vorlagenbogen 1A

No girls
no fun.
No risk
no fun.

Material

- Tonkarton in Weiß (evtl. in Rot und Grau für Schild)
- Bastelfarbe in Weiß
- Baumwollkordel in Weiß, ø 3 mm, 3 x 24 cm (Arme), 3 x 32 cm (Beine) und 3 x 15 cm lang (Schwanz)
- 4 Holzperlen in Weiß, ø 12 mm
- Geglühter Blumendraht, ø 0,35 mm

Vorlagenbogen 1A

Mini Tonis **Nr. 13**

Miez, Maunz und Mona, die Katzen

Die Arme und Beine werden wie bei den Fröschen auf Seite 11 geflochten, mit Holzperlen versehen und am bemalten Tontopf befestigt. Den Schwanz ebenfalls flechten und in den Tontopf kleben. Ziehen Sie drei Drähte durch den bemalten Kopf und kleben Sie diesen auf den Tontopf.

TIPP

Als Geldgeschenk überreichen diese frechen Kätzchen gerne einige Mäuse!

Mimi, Quiek, Schnuffel und Fieps, die Mäuse

Material

- Tonkarton in Grau oder Weiß
- Bastelfarbe in Grau und Weiß oder Rosa und Weiß
- Geglühter Blumendraht, ø 0,35 mm

Vorlagenbogen 1A

Der Tontopf wird rundum grau bzw. weiß angemalt, trocken geföhnt und dann wird die weiße bzw. rosafarbene Brust-/Bauchfläche aufgetupft. Tupfen Sie auch am Kopf weiße bzw. rosafarbene Flächen auf Ohren und Schnauze, bevor Sie das Gesicht aufmalen. Anschließend werden die Barthaare eingezogen und mit dem Seitenschneider gekürzt.

Ottilie, Gerti, Liese, Trine und Traudl, die Schafe

Überziehen Sie das Tontöpfchen mit Strukturschnee. Malen Sie das Gesicht auf den Kartonkopf und bringen Sie über den Augen noch etwas Strukturschnee an. Nun können Kopf und Fußteil an den Tontopf geklebt und das Glöckchen kann mit dem Faden umgehängt werden.

Die Anleitung für Bruno, den Hund, finden Sie auf Seite 30.

Material

- Strukturschnee
- Tonkarton in Weiß und Beige
- Baumwollfaden in Schwarz
- Kugelförmiges Metallglöckchen in Gold, ø 9 mm

Vorlagenbogen 1A

Schnick und Schnack, die Schnecken

Bemalen Sie den Tontopf mit einer Farbe, föhnen Sie ihn trocken und tragen Sie dann die beiden andersfarbigen Ringe auf. Die Wackelaugen werden am Schneckenkopf befestigt und das Gesicht wird aufgemalt. Die Bäckchen werden mit einem roten Buntstift gemalt. Biegen Sie den Blumendraht zu einem engen V und kleben Sie auf die Enden jeweils eine Holzperle. Die Fühler werden mit der Klebepistole von hinten am Kopf fixiert. Zuletzt befestigen Sie den Körper unten am Tontopf.

Material

- Tonkarton in Gelb
- Bastelfarbe in Rot, Gelb und Blau
- 2 Wackelaugen, ø 3 mm
- Geglühter Blumendraht, ø 0,65 mm, 8 cm oder 12 cm lang
- 2 Holzperlen in Rot oder Blau, ø 6 mm

Vorlagenbogen 1A

Mini-Tonis Nr. 17

Klix, Klex und Klax, die Marienkäfer

Material

- Tonkarton in Schwarz
- 7 Klebepunkte in Schwarz, ø 8 mm
- Bastelfarbe in Rot und Schwarz
- 2 ovale Wackelaugen, ø 10 mm
- Geglühter Blumendraht, ø 0,65 mm, 10 cm lang

Vorlagenbogen 1B

Malen Sie den Tontopf bis auf den schwarzen Topfrand rot an. Teilen Sie den roten Käferrücken mit einer schwarzen Filzstiftlinie in die beiden Flügelteile. Jetzt können die sieben schwarzen Punkte aufgeklebt werden. Für die Fühler biegen Sie den Draht genau in der Mitte; die Enden werden mit der Rundzange zu Ösen gebogen. Kleben Sie die Fühler von hinten an den Kopf. Abschließend werden Kopf und Beinteil am Tontopf befestigt.

Mini Tonis **Nr. 18**

Resi, Rosi, Roswitha und Selma, die Kühe

Material

- Tonkarton in Weiß und Beige
- Bastelfarbe in Weiß, Braun, Rosa und Beige
- Ggf. 2 Wackelaugen, ø 3 mm

Vorlagenbogen 1B

Bemalen Sie den Tontopf mit weißer Bastelfarbe. Nach dem Trockenföhnen werden braune Flecken aufgetupft. Auf den weißen Tonkartonkopf werden mit dem Pinsel die Hörner in Beige und die Ohrinnenflächen sowie das Maul in Rosa gemalt. Kleben Sie ggf. die Wackelaugen an und zeichnen Sie die Nüstern auf. Die Schwanzquaste wird braun angemalt und mehrfach leicht eingeschnitten. Fixieren Sie Kopf, Schwanz und Fußteil am Topf.

Hü, Hott und Zottel, die Pferde

Material

- Tonkarton in Terrakotta oder Weiß
- Ggf. Bastelfarbe in Weiß
- 2 Wackelaugen, ø 3 mm
- Chenilledraht in Schwarz, 5 cm (Mähne), 3,5 cm (Schweif) und 2 x 10 cm lang (Beine) in Weiß oder Hautfarbe
- Baumwollfaden in Rot oder Weiß, ø 1 mm

Vorlagenbogen 1B

Ritzen Sie das Halsteil aus Tonkarton an der gestrichelten Linie an und klappen Sie es um. Auf der kleinen Fläche wird der bemalte und mit Wackelaugen beklebte Pferdekopf fixiert. Knoten Sie den Baumwollfaden als Halfter an. Kleben Sie den Pferdehals an den Tontopf. Als Mähne biegen Sie den 5 cm langen Chenilledraht nach 1 cm scharf um und stecken das kurze Drahtende auf den Pferdekopf. Das andere Drahtende wird in die Tontopföffnung gesteckt. Für den Schweif biegen Sie das 3,5 cm lange Chenilledrahtstück nach 0,5 cm um und kleben das umgebogene Ende an den Tontopf. Für die Beine biegen Sie die beiden 10 cm langen Chenilledrahtstücke in der Mitte um. Als Hufe werden die Enden nach 0,5 cm rechtwinklig umgebogen. Kleben Sie die Beine in den Tontopf.

Material

- Tonkarton in Gelb und Weiß
- Bastelfarbe in Schwarz und Gelb
- Geglühter Blumendraht, ø 0,65 mm, 10 cm lang
- 2 Wackelaugen, ø 12 mm
- 2 Holzperlen in Schwarz, ø 6 mm
- 4 Holzperlen in Schwarz, ø 10 mm
- Baumwollkordel in Schwarz, ø 2 mm, 15 cm (Arme) und 20 cm lang (Beine)

Vorlagenbogen 1B

Mini-Tonis **Nr. 20**

Finchen, Mariechen und Lieschen, die Bienen

Malen Sie um den mit gelber Farbe grundierten Topf einen schwarzen Ring. Die Flügel und der bemalte und mit Wackelaugen beklebte Kopf werden am Tontopf fixiert. An die Enden der beiden Kordeln werden jeweils zwei große Holzperlen für die Arme und Beine geknotet. Ziehen Sie die Mitte der Beinkordel von unten so weit durch die Topföffnung, dass Sie die Kordel für die Arme durchziehen können. Für die Fühler wird der Blumendraht in der Mitte geknickt, auf die Enden werden die kleinen Perlen gesteckt und dann umgebogen. Hinten am Kopf ankleben.

Fieps und Pieps, die Meisen

Material

- Tonkarton in Grün, Gelb und Schwarz oder Blau und Schwarz
- Bastelfarbe in Gelb, Weiß, Schwarz und Grün oder Blau, Gelb, Grün und Weiß
- 2 Wackelaugen, ø 4 mm

Vorlagenbogen 1B

Der Tontopf wird in der folgenden Reihenfolge bemalt: gelbe Brust-/Bauchfläche, Trennen dieser Fläche in der Mitte mit einer blauen bzw. schwarzen Linie, blauer bzw. schwarzer Kopf. Der runde Kartonpunkt auf der Topföffnung sollte vorher angeklebt werden. Malen Sie nun die weißen Wangen auf und zum Schluss den grünen Rücken. Nun können die Wackelaugen, der Schnabel (in der Mitte an der gestrichelten Linie falten) sowie Flügel, Schwanz und Füße angeklebt werden.

Mini-Tonis Nr. 22

Bello, Bruno und Bob, die Hunde

Kleben Sie die Kopfteile zusammen und malen Sie das Gesicht auf. Anschließend werden Kopf, Schwanz und das Beinteil angeklebt. Bob (von Seite 2) werden Vorder- und Hinterpfoten getrennt angeklebt. Sein Lächeln ist aus weißem Tonkarton.

Material
- Tonkarton in Ocker, evtl. Weiß oder Rot
- Bastelfarbe in Ocker und Weiß

Vorlagenbogen 1B

Mini-Tonis Nr. 23

Charly, Willy und Harry, die Terrier

Kleben Sie die drei Kopfteile (Kopf, Schnauze, Zunge) aufeinander, malen Sie das Gesicht auf und übermalen Sie es an Schnauze und Ohren teilweise mit weißer Bastelfarbe. Kopf, Schwanz und Beinteil werden an den weißen Tontopf geklebt. Die drei Baumwollfäden werden ggf. zu einer Leine geflochten und dem Hund um den Hals gebunden.

Material
- Tonkarton in Weiß und Rot
- Bastelfarbe in Weiß
- Ggf. 3 Baumwollfäden in Rot, ø 0,5 mm, 20 cm lang

Vorlagenbogen 1B

Jan, Jens und Jette, die Schwäne

Schneiden Sie jeweils zwei identische Teile vom Kopf-/Flügelteil und vom Schnabel aus (vgl. Seite 5). Ritzen Sie die beiden Kopf-/Flügelteile an der gestrichelten Linie an und falten Sie sie. Beide Teile werden an Kopf und Hals bis zur Faltlinie zusammengeklebt. Jetzt werden beidseitig die beiden Schnabelteile angebracht. Spreizen Sie die Flügel und kleben Sie sie auf den bemalten Tontopf. Zum Schluss werden die Flaumfedern mit Klebstoff fixiert.

Material

- Tonkarton in Weiß und Orange
- Bastelfarbe in Weiß
- 3 Flaumfedern in Weiß

Vorlagenbogen 1B